自分を守るクエスト

② ホーム編

すずき出版

プロローグ

今これを読んでくれているきみは、
どんな気持ちでこの本を手にとってくれたんだろう。
ただ目にとまっただけかもしれないし、
もしかしたら、なにかとてもつらいことがあるのかもしれない。
いずれにしても、まずはこの本をひらいてくれて、どうもありがとう。
はじめまして。ぼくは、秋葉原というまちで
心のお医者さんをしている「ゆうすけ」といいます。

どうしようもなく苦しいことや、つらいことがあったとき、
ぼくたちはどうやって自分の心を守ったらいいのだろう。
そう考えたときに、ぼくは「ゲーム」の考え方がヒントになると思った。

生きることはゲームに似ているところがあると思う。
ピンチがたくさんあるけど、自分のチカラをレベルアップさせて
戦ったり、にげたり、大切なものを探しながら、乗り越えてゴールをめざしていく。

そんなふうに、きみたちがピンチのときに、役に立つかもしれない考え方や、
知っておいてほしいことを書いたこの本を
『自分を守るクエスト』と名づけようと思った。

クエストとは「冒険」という意味だ。
楽しいことばかりではなく、いやなこともいっぱいある。
苦しいことやむずかしいことがありすぎると、
「もう先に進めない」と思ったり、旅に出ることをやめたくなってしまうかもしれない。
ゲームのクエストがむずかしすぎるときは、
そこで一度自分の「レベルあげ」をして、もう一度挑戦したりする。
では、「生きる」というクエストがむずかしくなったとき、
どんなことのレベルをあげたらいいのかと考えたら、
つぎの4つが必要なんじゃないかと思った。

①	「はなす」	▶	自分の考えや気持ちをだれかに伝えるためのチカラ
②	「たよる」	▶	信頼できる人を見きわめて、その人に助けてもらうチカラ
③	「ちしき」	▶	自分の心をらくにするために必要な考え方や知識を学ぶチカラ
④	「にげる」	▶	自分の心や命を守るために、キケンからにげるチカラ

これらのチカラをレベルアップさせると、いろんなピンチに耐えられるようになる。
最初はレベルが低くてもいい。
どれも必要なときに使っていくことで少しずつ成長していくものだし、
そうすることで生きるための能力が大きくあがっていく。
ひとつのチカラだけで切り抜けていくことがむずかしいときもあるから、
できたら **4つのチカラ** をバランスよく伸ばしていってほしい。
とくに「にげる」ことと「たよる」ことは、
自分だけではどうしようもないときに、どうしても必要になってくるから。

この本では、いろんなこまったシーンを紹介して、そういうときに
「どうしたらいいか」を問いかける内容になっている。
まずは自分ならどうするかを考えてえらんでみて。
そのつぎに、ぼくならどれをえらぶか書いておくよ。
問題に正しく答えられるかは、あまり大事なことじゃない。
この本で書いていることは、あくまでもぼくの考えなので、
きみにとっては合わないかもしれない。
「合わないな」「ちがうな」と思ったら、受けいれないことも大切なことだと思う。
それでも、きみがなにかを考えるきっかけになったり、
きみがかかえているむずかしいクエストのヒントになってくれたら、すごくうれしい。

ホーム編

2巻は **家庭での「クエスト」** だ。もし、きみにとって家が、つらくて安心できない場所だとしたら、きみの家には「おかしなところ」があるといっていいと思う。しかし、家の問題を子どもだけでなんとかするのは不可能に近い。なぜなら、家庭という場所では子どもがいちばん弱い存在だからだ。弱いことは悪いことではない。でも、残念だけど、弱いうちはできることが少ない。だから、信頼できる人を見つけて「たよる」ことが本当に大切になってくる。家庭でのクエストを乗り越えられるかは、きみの「たよる」レベルにかかっている。

もくじ

この本の使い方

この本は最初から順番に読んでもいいし、読みたいページから読んでもいいよ。読みたくないところは読まなくてもいいし、もし読んでいてつらくなったら読むのをやめても大丈夫だよ。

❶ ピンチのシーンを設定しているよ！

❷ きみならどう行動するかな？

❸ ゆうすけ先生がえらぶ行動をしめすよ！

❹ ゆうすけ先生がすすめる入力コマンド（選択肢）だよ！

❺ 入力コマンドのアクションを具体的にしめしたよ！

❻ 「ぼうけんのスキルカード」や「心をかるくするヒント」などのコーナーだよ

❼ さらにレベルをアップするためのヒントだよ！

クエストとは……
ピンチに立ち向かう冒険のことなんだ！

HPとは……
「ヒットポイント」の略で、今の体力を表すよ。

自分を守るクエスト

PART パート 1 ワン

勝手にスマホ
見ないでよ

強い口調が
こわい

なんでも
決められるの
やだな

「女の子らしく」
しなきゃだめ？

わたしのことも
見てほしい……

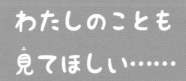

親にすすめられた習いごとをやめたいといったのにやめさせてもらえない

親にすすめられた習いごとを本当はしたくない。だけど、いい子でいなきゃいけないから、本当に自分のしたいことをいえない。

いうとおりにしなくちゃ！

☞ ① 親に従うべきだと自分にいい聞かせる

ピアノやめて好きなことしたい。

！

☞ ② あきらめずに話す

よろこばすためにがんばらなきゃ！

☞ ③ がっかりさせないようにがまんする

☞ はなす
　　たよる
　　ちしき
　　にげる

ぼくならこれをえらぶ！ ☞ ② あきらめずに話す

「本当は……」の気持ちにフタをしない

　親と子の関係というのは、とっても心の距離が近い。でも、その距離が近すぎて、親自身がやりたいことと、子どもがやりたいことの区別がつかなくなってしまうことがよくあるんだ。

　でも、あたりまえだけど、きみの親ときみは、べつの人間だ。やりたいこともちがって当然だ。

きみが今、親にすすめられた習いごとを「やりたくない」といっていることは、すごく大事なことだ。

本人が決めるべきことに、他人があれこれと口を出してくることを「過干渉」という。やりたくない習いごとを無理にさせたり、友だちのえらび方やつき合い方まで口を出してきたりすることは、いくら親子とはいっても境界線を越えていて、やってはいけないことだということを覚えておいて。

過干渉がなぜよくないかというと、きみが「本当はこうしたいのに」と思っていても、その意見や考えをずっとムシされてしまうことになるからだ。それが続くと、人は自分の本当の気持ちや本当の意見をもつことを、意味がないことのように思うようになる。

さらには、自分自身の意見をもつことを「いけないことだ」と思うようになり、まわりの人のいうことばかりを聞くようになる。

まわりの大人がよろこぶようなことをすると、ほめられたりするので、ますます自分の本当の気持ちを出すことがむずかしくなる。

ほかの人が「こうしてほしい」と思うことだけをやって、がんばってきみがいい結果を出したとしても、それは完全にきみ自身のよろこびになることはない。

ピアノはぼくがしたいことじゃないんだ。

どこかで、「なんのためにやっているのか」という気持ちが出てきてしまうだろう。

そうやって、すごい成果を出しているのに、自分のことをぜんぜん好きになれない人がいっぱいいる。そうなっても、だれも責任をとってくれないんだ。

きみが「いやだ」と思っているなら、きみはけっしてまちがっていない。まずは、自分の本当の気持ちをきちんと親に伝え、説得しよう。

でも、ひとりでがんばり続けるのはむずかしいから、「きみはまちがっていない」ということをみとめてくれる人を見つけよう。

> はなす　レベルが　あがった　▼

レベルアップヒント

家族のしあわせと、自分のしあわせ

家族がしあわせだと、自分もうれしい、という人は多いと思う。でも、家族のしあわせときみのしあわせは、いっしょだろうか。いっしょのところはあるけど、きっとちがうところも多いはず。

親の中には、自分が小さいころに悩んでいたり、やりたくてもできなかったことを、子どもにかわりにやってもらおうとする人がいる。それって、子どもにとって本当にしあわせなことだろうか。

他人の人生を使って、自分をしあわせにすることはできない。そのことに早く気づいてもらえたほうが、子どもも親もしあわせになりやすいと思う。

お母さんに「女の子らしくしなさい」と服装や遊びを決められてしまう

お母さんはやさしいけど、よく「女の子らしくしたら？」といってくる。買ってくる洋服も趣味に合わない。でも、お母さんを傷つけたくないのでいえない。

これも女の子らしくてかわいいでしょ。これ着なさい！

女の子らしくしなきゃだめ！

お母さんのいうことが正しい。

1 いやいや着ている自分を反省する

2 がまんして女の子らしくし続ける

お母さん。

3 正直な自分の気持ちを話してみる

ぼくならこれをえらぶ！ ▶ **3** 正直な自分の気持ちを話してみる

▶ はなす
たよる
▶ ちしき
にげる

押しつけられた「べき」をふりはらおう

「男らしい」「女らしい」ってなんだろう。

「男の子だったら、こうする『べき』だ」「女の子だったら、こういうことをする『べき』じゃない」。いろんな人が、いろんな「べき」をもっている。

「べき」という、多くの人がもつ考え方のクセのようなものなんだけど、多くの人が同じ「べき」をもっていると、それが「絶対に正しいこと」のようにか

んちがいしてしまう。でも、「べき」っていうのは、時代によって変わるんだ。

社会の授業で習ったかもしれないけど、むかしは女の人が選挙に参加できなかった。そこには、「外ではたらくのは男、女は家で家事をするべき」といった考え方があたりまえのように見なされていたことも関係あるだろう。今の時代では「おかしい」と思うようなことでも、その時代では「おかしくない」と思われていたり、おかしいと思っても声をあげられない人が多かったんだね。

きっと、きみのお母さんの中にある「女の子はこういう服を着るべき」という考え

お母さんはそう思っているかもしれないけど、わたしはちがうよ。

と、きみの考えがちがうから、息苦しく感じるんだろう。お母さんはよかれと思っていっているのだろうけど、きみがそれを受けいれる必要はないよ。ただ「べき」がちがうんだな、って思っていたらいい。

今、かわいらしい服を着てお化粧をした男の人がいたり、女子も制服でズボンをえらべたりと、「べき」をふりはらった人や制度がふえている。きみも、ほかの人の「べき」にしばられていない考え方を大事にしてあげよう。

ぼくは、自分の中にもつ「べき」っていうのはなるべく少ないほうがらくに生きられると思っているから、合わない「べき」を押しつけてくる人からは離れるし、自分の「べき」をほかの人にも押しつけないようにしている。

ぼうけんのスキルカード

「べき」チェッカー

その「べき」が、今の時代に合っているか、きみがしあわせになるために本当に必要かをきびしくチェックする。

| はなす レベルが あがった ▼ |
| ちしき レベルが あがった ▼ |

レベルアップヒント

ジェンダーってなに？

この先、お母さんだけじゃなく、社会の中のいろんな人が、きみにいろんな「べき」を押しつけてくるかもしれない。とくに、「男」や「女」にかかわる「べき」の押しつけで苦しんでいる人はすごく多いんだ。自分が苦しんできた「べき」を、気づかずにほかの人に押しつけてしまう人も多い。こういう男女にかかわる「べき」のことを「ジェンダー」というんだけど、ジェンダーに関する本を、お母さんといっしょに読んでみるのもいいかもしれないね。

弟ばかり
かわいがられているようでつらい

ともくんは
じょうずねー。

お父さんもお母さんも、年の離れた弟のことばかりかわいがっている気がして、自分はあまり大切にされていないのではないかと感じてしまう。

どうしたの？

なんでもない。

☞ 1 お姉ちゃんなんだからがまんする

ともばっかり
ひいきしないで！

☞ 2 ひいきしないで、とおこる

わたしの話も
聞いてほしい。

☞ 3 こうしてほしい、と具体的に伝える

ぼくならこれをえらぶ！ ☞ 3 こうしてほしい、と具体的に伝える

☞ はなす
たよる
ちしき
にげる

自分の気持ちをまずは伝えよう

　人間にとって「自分を見てもらえない」ということは、心にものすごく大きなダメージを与えられることなんだ。まわりに「ムシされる」ことがいかにつらいかを考えたら想像できるかもしれない。弟だけかわいがられているように感じるというのは、「自分は見てもらえない」のに、「弟は見てもらえている」というのを見せつけられているから。

親のほうにそんなつもりはなくても、きみのほうは「大事な存在ではない」というメッセージを受けとってしまう。「自分だけどうして」という気持ちになって、弟にいやなことをされていなくても、きらいになってしまうかもしれないね。まずは、自分の気持ちを整理して、つらさを親に気づいてもらえるようにしてみよう。

きみが、どんなときにどんなつらい気持ちになったかを、メモに書いてみよう。

そして、「こういうのはやめてほしい」「こんなふうにしてほしい」というお願いも思いつくかぎり書こう。きみの親が、きみの

話をしっかり聞いてくれそうな人なら、勇気を出して、そのメモをたよりに「わたしのことも見てほしい」「ひいきしないでほしい」という気持ちを伝えてみよう。聞いてくれそうもなかったり、いっても変わってくれないようなら、きみのことをほかの人とくらべないでみとめてくれる人を見つけよう。

> はなす　レベルが　あがった　▼

きょうだいの関係について

大人になっても、きょうだいの仲が悪い人たちの話を聞くことがある。仲が悪くなる理由の多くに「親のあつかいの不平等」がある。残念ながら、きょうだい間の不当な差別は起こりうるし、それで心を深く傷つけられている人も少なくない。

ほかのきょうだいにくらべて大事にあつかわれていないと感じたとき、多くの子は「自分に問題があるのかも」と思ってしまう。でも、どんな理由があろうと、親は絶対にきょうだいを差別すべきではない。不当な差別が起こっているなら、それは100%親の責任だ。たとえば「上の子は手がかからないから」といって、上の子のさみしさや嫉妬心に気づけない

で、下の子ばかり気にかけるのは、不注意だと思う。家族は人間関係の距離がとても近くて、「めんどう見のいい長女」みたいに、無意識におたがいに期待する役割ができてしまうことがあるけど、自分を押し殺してまで無理に負わなくてもいいんだ。

また、差別の原因に「親自身の劣等感」がかかわっていることもある。親自身に自分のきらいなところがあって、そのきらいな部分がきみに似ているから、きみを受けいれられないというパターンがある。それもまた、きみのせいではなくて、親自身の問題だったり、家族という集団の複雑な心のはたらきからくるものだ、ということを忘れないでいてほしい。

SCENE シーン 4

お母さんに勝手にスマホを見られるのがいや！

心配しているのよ！

あ！ わたしのスマホ、勝手に見てる！

お母さんが勝手に自分のスマホを見ているのを発見した。おこっても、「見られてこまることがあるの？」と逆に反撃されてしまった。

ルールは守るから見ないで。

☞ **1** ルールは守るから見ないでと伝える

見てやる！

☞ **2** 仕返しに親のスマホも勝手に見る

ふんっ！

あれ？

☞ **3** ロック方法を変えて見られないようにする

☞ はなす
☞ たよる
☞ ちしき
☞ にげる

ぼくならこれをえらぶ！ ☞ **1** ルールは守るから見ないでと伝える

ルールづくりをして信頼を勝ちとろう！

　まるで牢屋に入れられている人のように、自分の行動のすべてを見はられているのは、苦しいことだよね。「自分を信じてもらえていない」という気持ちになるかもしれない。

　人間には、「知られたくないこと」「見られたくないこと」を守られる権利があるんだ。それを「プライバシーの尊重」というよ。これは、子どもであって

も尊重されるべきものだ。

「すべてを見られるのはいや」という気持ちは、学年があがっていくにつれて、強くなっていく。それは、ひとりの人間として、大人になっていくうえで、自然な気持ちだ。だから、自分のプライバシーを守れるように、はたらきかけてみよう。

では、なぜ親はきみのスマホを見たいと思うんだろうか。スマホはいつも身近にあるものだから、使おうと思ったらいくらでも使える。だから、どんな友だちとどんなやりとりをしているのか気になっていたり、インターネットで出会った人と勝手に会ってあぶない目にあったりといったことを心配しているのかもしれない。

子どもがスマホやゲームをうまく使っていくのに大事なのは親との「ルールづくり」だ。まずは親になにが心配なのかを聞いて、

スマホルール

わたし	お母さん
● 夜9時まで	● 勝手に見ない
● やりとりするのは家族と学校の友だちだけ	● 心配なことは聞く

おたがい話し合いながらルールをつくっていこう。たとえば、「フィルタリングを設定する」「充電はリビングでやる」「使う時間を決める」「約束をやぶったら、そのつぎの日は使えない」といったルールを決めて、それを守る約束をすることで信頼してもらう。

自分の希望を伝えていくうえで、「相手のいい分も聞く」ということは大きなポイントだ。これができると、きみの「はなす」レベルは大きくアップしていくよ。

心をかるくするヒント
プライバシー

他人には知られたくない自分のことや生活のこと。これは守られるべき権利として法律でも保障されているよ。

はなす　レベルが　あがった ▼

レベルアップヒント **「心配だから」という言葉に注意**

もし、親が過干渉なタイプだった場合、きみがきみだけのひみつをもとうとすることをいやがるかもしれない。でも、悪いことをしようとしているわけでもないのに、「あなたが心配だから」とすべての行動を知ろうとしたり、一切の自由が許されないとしたら、それは「支配」じゃないかな。「心配」と「支配」はすごく近いところにあるから注意が必要なんだ。大人になるにしたがって、親にいえないひみつをもつようになるのは人間としてとても自然だってことを、ぜひ知っていてほしい。

心配だからいっているんだ！

SCENE シーン 5

お父さんが強い口調でいろいろ いってくるのでびくびくしてしまう

いつも遊んで
ばかりじゃないか！
勉強はしてるのか!?

お父さんが強い口調で
いろいろいってくるのが
すごくこわい。胸がざわ
ついて、いつもびくびく
してしまう自分が悲しい。

親が正しい。

いうことを
聞けばいい。

☞ **①** 親が正しいんだと
自分にいい聞かせる

先生、
ぼく……。

☞ **②** 安心して話せる
大人に相談する

なんだ!?

あの……。

☞ **③** いい方を変えて
ほしいと伝える

ぼくならこれをえらぶ！　☞ **②** 安心して話せる大人に相談する

☞ **③** いい方を変えてほしいと伝える

☞ はなす
☞ たよる
　 ちしき
　 にげる

安心して話せる人との関係を大事にしよう

強い口調でなにかをいわれているとき、きみの体になにが起こっているだろう。心臓がばくばくいって、胸や胃のあたりがざわざわして、落ちつかなくなったりする。それはきみの心や体が「ストレス」を感じているんだ。強い口調でいわれると、全身がかたまってしまって、ただいわれるがままにいうことを聞いて、そ

14

の場を無事にやりすごそうとするだろう。そのような状態につねにさらされていると、だれかの大声や大きな物音にも、敏感に反応してしまったりする。

親の気分しだいで、大きな声を出されたり、よくわからないところでおこられたりすると、子どもはどうしたらいいかわからなくなる。どこにバクダンがうまっているかわからない地面の上を、そろりそろりと最大の注意をはらいながら歩くように、親の前ではつねに「いい子」でいて、きげんを悪くさせないことに全力をつくすようになる。

相手の顔色をうかがって、つねにびくびく、おどおどしてしまうようになる。その「びくびく」は、ほかの人と話すときにも出てくる。相手のきげんを悪くしたり、きらわれたりしないために、つねに気を使ってようすを見ながら話すから、他人といるとぐったりつかれてしまう。このクセは、大人になっても残ってしまうことがある。

だから、まずはきみがびくびくしなくてもすむような人との関係を大事にしよう。相手の顔色をうかがわなくてもよくて、本当の気持ちをいえる友だちや、安心して話

お父さんの声にいつもびくびくして、家にいるのがつらいんです。

せるほかの大人もちゃんといるんだと思うと、びくびくは小さくなっていくよ。

きみの親がふつうの声でいえばいいことを、きみが「こわい」と感じるような口調ですごんだり、いきなりどなったりするのは、「しつけ」ではなくて「暴力」だ。話を聞いてくれそうな関係であれば、まずは「つらいからやめてほしい」という気持ちを伝えてみよう。それが無理そうだったら、きみの心を守るために、まわりの大人に相談してみよう。

はなす　レベルが　あがった　▼
たよる　レベルが　あがった　▼

レベルアップヒント

ストレスってなんだろう

「ストレス」という言葉があるよね。心理学で使われる前は物理学で使われていて、「いろいろな物体が力を受けてゆがんだり、まがったりする『ゆがみ』のこと」を意味していたんだ。人間や動物の体にも、同じようなことが起こっている。きみの心と体にストレスを与えるいやな人や環境のことを「ストレッサー」といい、そしてストレッサーによって起こされる心と体の反応のことを「ストレス反応」という。ストレスとは、このストレッサーとストレス反応のふたつの関係のことをいうんだ。

親のどなる声が「ストレッサー」で、それでびくびくしたりかたまったりしてしまうのは「ストレス反応」だね。

きみにとってなにが「ストレス」かを知るためには、体の反応にも注目してあげてほしい。思いもよらないことが、きみの「ストレッサー」だったとわかることがある。体の反応というのは、とてもよくできていて正直なんだ。「親がストレッサー」だなんて思っちゃいけないと感じるかもしれないけど、ぜんぜんおかしいことじゃない。

「フシギの書」をつくろう

おかしいことを、おかしいと気づくためにどうしたらいいか。
そのヒントになる「サーカスの象」というお話を紹介したい。

ある一匹の大きなサーカスの象が、ロープで杭につながれてじっとしています。
象には、かんたんに杭を引き抜くだけの力があるはずなのに
なぜかにげようともしません。

象は子どものころからずっと、鎖で杭につながれてきました。
にげようとしても小さい象の力では、杭を引き抜くことができません。
しだいに、象は「自分には力がない」と思いこむようになり、
にげようとするのをあきらめてしまいます。
そして、大きくなってからも、ずっとその思いにとらわれているのです。

調教師はそのことを知っているので、鎖のかわりにロープを使い、
杭もちっぽけなものにかえました。

それでも象は、「自分には力がない」という思いにとらわれているので、
なにもしません。にげ去る力があるのにじっとしているのです。

「なにをやってもムダだ」という気持ちのことを「無力感」という。
無力感は、きみから生きるチカラをうばう。

親というのは、子どもよりも圧倒的に強い立場にある。
強い立場の人は、弱い立場の人を思いどおりにできてしまう。

よくない親は、子どもが自分の思いどおりにならなかったときに、
いろいろな方法で「きみのほうが悪い」と思わせることをしてくる。

なにをやっても、おこられたり、自分が悪いということにされてしまう。
きみが「おかしいな」と思っても、強い立場のチカラで押しきられてしまう。

そうすると、きみも「サーカスの象」と同じように、
しだいに「なにをやってもムダだ」「自分が悪いんだ」と思うようになる。
自分で考えることをやめて、まわりの人のいうとおりに生きるようになる。
その考え方のクセは、親から離れても、大人になってもなかなか抜けないかもしれない。
きみのクエストのじゃまをする、「呪い」のようなものになってしまうだろう。

そうならないため、きみが自分で考えるチカラを守るのに役に立つのが「フシギの書」だ。

あたりまえだけど、親だって、完璧な人間ではない。
けっこうおかしなことをいっていたり、まちがっていることもある。
だから、親のことで「なんでだろう」「もやもやするな」と思ったときに、
そのことをないしょでノートにつけていこう。

「なんで、いきなりどなるんだろう」
「かたづけろっていうくせに、なんで自分の部屋はきたないんだろう」
「なんで、あの友だちとは遊んじゃだめっていうのかな」
「なんで、わたしがママの話を聞くばっかりで、ママはわたしの話を聞いてくれないんだろう」

そうやって落ちついて冷静に「観察」してみよう。
そうすると、親のいうことがいつだって正しいわけじゃないということがわかってくる。
親の行動を予想して、ムダにおこられないのにも役に立つし、
きみの感じたことが「ぜんぶまちがいだ」と思わされずにすむ。

書いたときは、「わたしのせいだ」と思っていても、あとで見返してみたときに、
「あれ、やっぱりいってること、おかしくない?」と思うかもしれない。

きみが家族の悩みを話したいと思えるだれかがあらわれたとき、
その「フシギの書」はさらに大きなチカラになってくれるはずだ。

ゆうすけ先生の一日

この本を書いているぼくの、とある一日を紹介するよ！

10：00 起床・朝のルーティーン

朝はだいたいこれくらい。早起きが大きらいなので、11時まで仕事は絶対に入れないよ。かるめの朝ごはんとしてコーヒーやいちごのスムージー、ヨーグルトを口にすることが多い。

顔を洗って、太陽を浴びて目覚ましたら、朝は「スプラトゥーン」でエンジンをかける。だいたい30分くらいやると、目が覚めて頭がはっきりしてくる。

11：00 お仕事①

家にいたまま、インターネットで会議。産業医（企業の健康を守るお医者さん）として、体調をくずした社員の面談をしたり、心の健康についての講演をしたりしている。

11：45 クリニックに移動

秋葉原のクリニックに車で出発。

12：30 お仕事②

クリニックの診察がはじまる。ゆっくりみられるように、この時間は予約した患者さんだけをみているよ。

14：00 休憩、ミーティングや勉強会

クリニックのメンバーと週1回、みんなでテイクアウトのごはんを食べながらミーティングや勉強会をしている。

16：00 スタッフと面談

クリニックの仲間ひとりひとりと、30分くらいの面談をする。元気にはたらいてくれているか、これから仕事でどんなことをしたいかなどを話し合っている。ひとりひとりと話すのは、ぼくにとっても大事で楽しい時間。

16：30 お仕事③

診療がオープンになる時間。風邪などの体の病気もみるし、心がつかれている人の話を聞いてお話をしたりもするよ。かかりたい人が仕事が終わってからかかれるように、夕方から夜にかけてやっているよ。

21：00 ごはんタイム

診察が終わり、クリニックのみんなとごはんを食べながら、今日あったことを報告したり、雑談したりする。いい仕事ができたときは、ごはんを豪華にしたり、お酒を飲みに行ったりすることも。

22：30 帰宅、お風呂

子どもたち用のコンビニチキンや、ポテトチップスなどを買って帰る。最近は奥さんに足の指のマッサージをやるのにこっている。お風呂はラベンダーのアロマオイルをたらしてリラックスして入る。

23：00 ゲーム・マンガ・読書タイム

ゲームの時間。子どもが寝たあとで奥さんとリーグマッチをすることもあるけど、夜に「スプラトゥーン」をやるとなかなか眠れなくなるので、最近は読書や動画を見ていることが多いかな。

1：30 寝る

だらだら本とか読んで、SNSやマンガを見ていたらだいたいこんな時間になっている。「ドラクエ」とか、好きなゲームの新作が出たときは寝る時間が朝の6時半くらいになるけど、よい子はもっと早く寝たほうがいいよ。

自分を守るクエスト

パート PART 2

家族のための
がまん

暴力……

なんだか
息苦しい

お母さん、
つらそうだけど
わたしも……

自分を
傷つけたい

SCENE シーン 6

両親の仲が悪くてつらい！

お父さんとお母さんが毎日ケンカばかりしていて、家にはふたりのどなり声がひびいている。自分がいるせいでふたりはケンカしているのではないかと不安になってくる。

お手伝いしておいたよ。

☞ 1 きげんがよくなるようにいい子になる

あのね……。

☞ 2 信頼できる人に相談する

☞ 3 ひとまず距離をおき、気分転換をする

ぼくならこれをえらぶ！ ☞ 2 信頼できる人に相談する
☞ 3 ひとまず距離をおき、気分転換をする

はなす
☞ たよる
ちしき
☞ にげる

まずはきみ自身の心を守ろう

　子どもにとって、両親というのは、ものすごく大きな影響を与える存在だ。だから、その両親の仲が悪いというのは、きみにとって世界がこわれるほどのピンチに感じられたとしても、まったくおかしくない。ふだん生きている日常が、足元からくずれてしまうような、そんなレベルの不安や恐怖があるかもしれない。そ

れはあまりにつらくて耐えられないから、お母さんとお父さんに「なんとか仲よくしてほしい」と思って、子どもはいろんな手をつくそうとするんだ。すごくいい子になることで、ふたりの間をなんとかとりもとうとしたり、わざと悪いことをすることで、自分に目を向けさせて、両親を協力させようとしたりすることもある。おどけてみせたり、ぜんぜん関係ないかのようにふるまうこともある。そんなふうに、なんとか家庭の形を守ろうとする。

　きみのことでケンカをしているわけではなくても、きみの心は引きさかれるような気持ちになるだろう。今のきみのように、ふたりの仲が悪いのを、「自分のせいだ」と思ってしまうことも、めずらしいことではない。

　でもね、お母さんとお父さんの関係は、きみの問題ではない。もし、きみがすごくがんばったとしても、大人の関係がよくなった

りすることはない。大人の問題を、子どもであるきみが解決することはできない。両親の仲が悪いのは、両親の問題だ。きみに一切の責任はない。ケンカばかりしていたとしても、そういう関係をつくっているのは、ふたりの責任なんだ。

　ただ、きみの心がこれ以上ダメージを受けないための行動をすることは大切だ。たとえば、両親に「ケンカしているのがつらい」という気持ちを伝えたり、「せめて見ている前ではケンカしないでほしい」とお願いするのはどうだろうか。いえそうにないなら、ひとまずその場を離れ、自分の好きなことに熱中していられるようなにげ場（セーブポイント）を探したり、相談できる人を探そう。

　子どもの目の前での夫婦ゲンカは虐待になるため、児童相談所（→ 27 ページ）にも相談することができる。まずは、きみ自身の心が守られることがなにより大事だ。

ぼうけんのスキルカード

ニーバーの祈りのゆびわ

「自分ががんばれば変えられるもの」と「自分ががんばっても変えられないもの」を見分けるかしこさを与えてくれるゆびわ。

```
たよる　レベルが　あがった ▼
にげる　レベルが　あがった ▼
```

レベルアップヒント

面前DV

　はげしいケンカを子どもの前でくり広げることは、子どもの心を大きく傷つける。直接子どもを攻撃していなくても、「面前DV」といって、心理的な虐待にあたる。だから、そんな状況からはにげていいんだよ。

SCENE シーン 7

がまんして、家のことや祖母の世話をしないといけないのがつらい！

今日も遊べないし、宿題もできない……。

親は仕事がいそがしくて深夜に帰宅する。だから、学校から帰ると、わたしが保育園の弟、祖母の世話をぜんぶしている。自分のしたいことをする時間がないし、弟や祖母の世話はとても大変なのでつらい。

お姉ちゃん遊んで〜。

はぁ〜。

☞ **1** 家族がこまるのでがまんし続ける

☞ **2** 助けてほしいと親や先生に相談する

自分のしたいことをするもん！

☞ **3** ほうり出して自分のしたいことをする

- はなす
- ☞ たよる
- ☞ ちしき
- にげる

ぼくならこれをえらぶ！ ☞ **2** 助けてほしいと親や先生に相談する

SOSを出すことをあきらめないで

「ケア」という言葉を知っているかな？　だれかの「お世話をする、気配りをする」という意味だ。「回復のじゅもん」みたいなひびきだよね。心が傷ついたり、つらい立場になったとき、そこから回復するには、まわりの人のケアが必要なんだ。

　ふつうは大人が子どもをケアするものだ。なぜなら大人のほうが子どもより

も強い存在だからね。でも、まわりの大人に病気や障がいがあったり、いろんな理由で、子どものほうが大人のケアをしなきゃいけない、ということがある。今のきみのように。

でも、だれかをケアしてばっかりで、きみがだれからもケアをされないとしたら、きみの心はすりへってしまうだろう。大事なのは、子どもであるきみもまた、ケアが必要なんだというのを忘れないことだ。

きみのまわりにもっと大変な人がいるからといって、きみ自身のつらさがムシされていいわけがない。まず、きみのつらいという気持ちをまわりの大人に伝えよう。きみはつらいという気持ちをもっていいんだ。

そして、「家族の問題は、家族の中だけで解決しなきゃいけない」という考えをいったんやめてみよう。

先生
役所の人
スクールカウンセラー

きみが勉強や遊びをがまんしてまで家のことをやらないとどうしようもないとしたら、それは子どものきみがクリアできる悩みのレベルを大きく超えている。むずかしいダンジョン（迷宮）のおくにいるすごい強敵に、まだレベルの低いキャラがひとりで挑むようなものだ。まずは、協力してくれる仲間を探そう。

今の状況をまわりの大人に話してみよう。児童相談所（→ 27 ページ）では無料で相談できるし、下に書いてある「ヤングケアラー」に関する専門の相談窓口もひらかれているよ。

いつも娘にばかり苦労させてしまうんです。

はい、いっしょに考えましょう。

たよる　レベルが　あがった ▼
ちしき　レベルが　あがった ▼

レベルアップヒント　ヤングケアラー

本当は大人がやるような家事や家族の世話などを、いつもやっている子どものこと。勉強ややりたいことをあきらめないといけない状況が問題になっている。

SCENE シーン 8

お母さんのことが心配で、自分の相談がぜんぜんできない

お母さんは仕事が大変そうでつかれていて、夜になると泣いている。落ちつくまで話を聞いてあげなければいけない。自分がこまったことがあってもぜんぜん相談できない。

お母さん、わたしがいるから大丈夫だよ！

☞ ① お母さんのためにがまんする

わたしもつらいの。

☞ ② 自分もつらいということを伝えてみる

もうっ！

☞ ③「親なんだからしっかりして！」とおこる

| ☞ はなす |
| ☞ たよる |
| ちしき |
| にげる |

ぼくならこれをえらぶ！ ☞ ② 自分もつらいということを伝えてみる

お母さんがつらいのはきみのせいじゃない

ぼくは②がいいと思う。きみにまず知ってほしいのは、「親がつらそうにしている」と、子どもの心はとても深く傷つく、ということだ。「お母さんがつらいのは、きっとわたしのせいだ」「わたしのためにたくさんはたらかなければいけないからなんだ」「わたしがもっとがんばって、お母さんによろこんでもらわなきゃ」そんなふうに感じて、お母さんをなぐさめたり、ケアすることがき

24

みの役目になっているかもしれない。そして、きみがどんなにがんばってもお母さんを笑顔にできないとき、きみは「わたしが生まれたのが悪かったんだ」と思ってしまうかもしれない。子どももがそのように考えてしまうことは、とても自然なことだ。でも、それはすごく「おかしなこと」だとぼくは思う。

きみとお母さんはどっちが「強い」存在なのか、よく考えてみてほしい。お母さんは、大人だから、きみよりも知識やお金や行動力があり、ほかにたよれる人もいるだろう。だから、子どもであるきみがお母さんのケアをするのは、役割が逆だと思うんだ。お母さんがつらそうなことがつらすぎて、「きみ自身のつらさ」が見えにくくなっているのかもしれないね。

きみは、きっと人の話を聞くことがとてもうまくなっていて、お母さん以外のまわりの人のグチも集まってきているかもしれないね。そうやって、まわりの人のケアをすることで、はじめて自分の存在をみとめてあげられているのかもしれない。でも、

心をかるくするヒント
自己関連づけ

自分がコントロールできないようなことが起こったとき、それを「自分のせい」としてしまう、考え方のクセのこと。

お母さんがつらそうなのはわたしがちゃんとしていないからだ。

お母さんの話も聞いてあげたいけどわたしもつらいの。

きみがつらいとき、だれがきみのケアをしてくれるんだろうか。

親が不幸そうにしていると、子どもというのはどうしたって自分のことを責めてしまうものなんだ。だから、きみのお母さんが大変そうで、不しあわせそうでも、絶対にきみのせいではない。たとえ「あなたを産んだせいで」といわれたとしても、断じて、きみの責任ではないんだ。それは大人であるお母さんの責任だ。

きみがあまりにじょうずに話を聞いてくれるので、お母さんはついそこに甘えてしまっているのかもしれない。でもそれは、お母さんが大人として、べつの人に助けを求めなければいけないんだと思う。きみがずっとその役割をやらずにすむように、「お母さんの話を聞いてあげたいけど、わたしもつらい」「わたしの話も聞いてほしい」という気持ちを伝えてみるのはどうかな。

お母さんは余裕がなくて、その言葉を受け止められないかもしれない。そのときは、だれかべつの人に助けを求めてほしい。きみ自身もまた、ケアが必要な、大切な存在だということを忘れないでほしいんだ。

> はなす　レベルが　あがった　▼
> たよる　レベルが　あがった　▼

SCENE シーン 9

酔っぱらって暴力をふるう お父さんがこわい！

あなた やめて！

なんだ その態度は一！

お父さんはふだんはやさしいけど、お酒を飲むとぼくやお母さんに暴力をふるったり、暴れたりする。それがすごくこわいんだ。

どうしよう……。

☞ 1 お母さんと解決策を 考える

☞ 2 外ににげて 助けを求める

お酒やめて。

☞ 3 お父さんを 説得する

はなす
☞ たよる
☞ ちしき
☞ にげる

ぼくならこれをえらぶ！ ☞ 2 外ににげて助けを求める

まずはにげよう！

これは、きみにとって命の危機だということを知っていてほしい。

お酒の問題は、きみたち家族だけでは解決がむずかしい、とても強大なものだ。いつもはやさしいはずの人が、お酒を飲むと別人になる。自分の大事な人が、悪魔のような存在にもなる。そのことが、きみの心をどれだけ混乱させて、傷つけているだろうか。そんな状況からきみは一刻も早く抜け出さなければならない。

きみのお父さんのお酒の飲み方は、「病気」になっている。でも、本人はそうだと気づいていなかったり、治療が必要だとも思っていないことが多い。そういうタイプのやっかいな病気なんだ。いじめが教室全体がかかる病気であるように、この「お酒の病気」は、お父さんだけでなく、きみたち家族すべてが深くかかわっている。

きみたちは家族であることを守るために、必死の気持ちでがまんして、耐えているのだと思う。でも、この病気は、きみのお父

さんが「病気である」ということに気づいて、本気で治療してもらわないかぎり、解決することはほぼ不可能だ。そして、家族であるきみたちがそれをお父さんに伝えても、うまくいく確率はとても低い。だから、家族の外に助けを求めることが必要なんだ。それほどに、この敵は強くてやっかいだ。

まずは学校の先生や身近な大人だけでなく、子どもの安全を守る児童相談所にも相談しよう。そこから専門のお医者さんやカウンセラーさんにつないでもらうなどして、きみのお父さんだけでなく、お母さんもきみ自身もケアされることが必要だ。

心をかるくするキーワード
児童相談所
（じどうそうだんじょ）

子どもの安全を守るためにある、相談の場所。命にかかわる問題はもちろん、親の問題などありとあらゆる問題に対応してくれる。電話番号「189（いちはやく）」で、子どもがかけても応えてくれる。

相談所

```
たよる  レベルが  あがった ▼
ちしき  レベルが  あがった ▼
にげる  レベルが  あがった ▼
```

レベルアップヒント
家族の努力が病気の「手助け」になってしまう？

アルコール依存者の家族は、とても苦しい思いをかかえている。暴れるほどお酒を飲むことに対する「怒り」、まわりの人たちに知られたくないという「はずかしさ」、こんなにつらいのにだれも助けてくれないという「孤独感」、どうがんばっても事態がよくならない「絶望感」。こうした家族の傷つきもまた、依存症という病気が引き起こしたものなんだ。

そして、お酒を飲むことでいくらこまったことがあっても、「ふだんはやさしいから」「大事な人だか

ら」とじっと耐えていたり、家族ががんばって世話をしたり、本人がかけた迷惑の尻ぬぐいをしてしまう。その結果、飲んでいる本人が責任を負うことなく、飲み続けることができてしまう、という悪循環がある。家族やまわりの人がよかれと思ってがんばればがんばるほど、「病気」が進行してしまう。この仕組みに気づいて、家族だけでがんばろうとせず、専門家の助けをかりていくことが大事なんだ。

おこづかいもなし、冷蔵庫もからっぽ……。ごはんが食べられないことがあるのがつらい

父子家庭でお父さんは家にいないことが多い。家になにも食べるものがないことも多くつらい。とくに夏休みなど、学校の長い休みの間は給食が食べられないので、いつごはんが食べられるのか不安になる。

☞**1** 食べものがないと死んじゃうからぬすむ

☞**2** 水を飲んで耐える

☞**3** 交番や児童相談所に助けを求める

助けて。

ぼくならこれをえらぶ！ ☞ **3** 交番や児童相談所に助けを求める

はなす
☞ たよる
☞ ちしき
☞ にげる

一刻も早く助けを求めよう

　きみは今、すごくキケンな状態にいる。子どものきみが生きていくため、成長するために必要な、最低限のものが与えられていない。法律によって、この国のすべての子どもには、ちゃんと生活ができて、守られる権利がある。きみの今の状態は、その権利が守られていない。それは国としてあってはならないことだ。今すぐに助けを受けないといけない。家に閉じこめられていたり、食

事を与えられなかったり、服や下着をかえられなかったり、車の中におかれたり、病気になっても病院に連れていってもらえないというのは、「ネグレクト」といって「虐待」にあたるんだ。

　今きみの家は、子どもを安全に育てていく力をもち合わせていない。そして、そのことは一切きみのせいではない。一刻も早く、安全な場所でケアを受けるために交番や児童相談所に助けを求めよう。もしかすると、親と離れたくないと思ってためらうかもしれない。でも、ずっと離ればなれにされるわけではないから安心して。交番や児童相談所の人たちは、きみの気持ちを第一に考えて、すごしやすい家にするために相談にのってくれる。

```
たよる　レベルが　あがった ▼
ちしき　レベルが　あがった ▼
にげる　レベルが　あがった ▼
```

レベル
アップ
ヒント

虐待とは……

虐待とは、子どもの命がくり返しキケンにさらされること。
自分が虐待にあっていると思ったら、すぐに交番や児童相談所に連絡して、必要な助けを受けてほしい。

身体的虐待

なぐる、ける、たたく、やけどを負わせる、おぼれさせるなど、暴力をふるう。

性的虐待

プライベートゾーンや体を性的な意味でさわるなど。

プライベートゾーンとは
水着でかくれる
部分と口のこと。

心理的虐待

本当に
だめな子ね！

言葉でおどす、ムシする、目の前でDVを見せるなど。

ネグレクト（育児放棄）

家に閉じこめる、食事を与えない、ひどく不潔にする、重い病気になっても病院に連れていかないなど。

29

恵まれているはずなのに、家や親のことがなんかつらいと思ってしまう

SCENE シーン 11

虐待とか受けていないし、ちゃんと育ててもらっているけど、なんだかつらいと思ってしまう。でも、恵まれた環境だとわかっているから、だれにも気持ちをいえない。

自分は恵まれているんだ！

☞ **1** つらくないといい聞かせる

☞ **2** とりあえず家出してみる

☞ **3** なんでつらいのかを考えてみる

はなす
たよる
☞ ちしき
にげる

ぼくならこれをえらぶ！ ☞ **3** なんでつらいのかを考えてみる

経済的に恵まれていても苦しい環境はある

　ぼくは③をえらぶと思う。いい家のはずなのに、なぜか心が重くて苦しい。きみはそう思っているんじゃないだろうか。じつは、お金や教育に恵まれているからといって、心も満たされているとはかぎらないんだ。

　きみの家は、一見、ゆたかで、愛と笑顔があふれた恵まれた家に見えるだろう。でも、きみの心がつらいと感じるなら、まずはどうしてつらいのか考えてみよ

30

う。そこにきみの心の自由がないとしたら、それがきみの苦しさの正体かもしれない。そういう家は、じつはすごく多い。だから、きみがつらいと感じた気持ちはけっしてまちがったものではないと思う。

「あなたのことはわたしがいちばんわかっているから」「あなたのことを思って」「あなたが心配だから」という言葉できみへの思いやりや愛があることを伝えながら、「こうしたほうがいいよ」「これはだめよ」と、きみの自由な気持ちや行動を制限する。こういうのを「愛情による『支配』」といったりする。きみは、親に愛されながら、一方でコントロールされているのかもしれない。

お酒を飲んで暴れたり、ごはんを食べさせない、けなすといった、わかりやすい暴力がある家というのは、「つらい」という気持ちの理由がわかりやすいし、そんな親がいやだという気持ちをもちやすい。でも、きみのような「恵まれた家の苦しさ」というの

は、わかりにくい。なんか苦しいと思って、拒絶しようと思っても、「こんなに思っているのに」「なんでわかってくれないの」「どうしちゃったの」といわれ、きみがまるで親の愛を否定する「悪い子」のように思わされてしまうだろう。このつらさは、きっとまわりの人からは理解されにくいし、自分でもわかりにくいだろう。

でも、本当の「愛情」や「思いやり」は、相手を信頼して、相手の自由を大事にするものだ。相手の愛情がどんなに深くても、そのことできみが心の重さや苦しさを感じているとしたら、それは「愛し方」がまちがっているのかもしれない。

きみがつらいと感じているなら、その気持ちは絶対大事にしてほしい。そして、苦しいと感じたときの場面や気持ちを、ノートにメモしておくと、気持ちを整理しやすいよ。

> **ちしき レベルが あがった ▼**

レベルアップヒント
「愛情」と「支配」は紙一重

愛のある関係は、相手との心の距離が近くなる。だから、相手を思いどおりにしたいという気持ちが出てきたり、きらわれたくなくてなんでも相手のいうとおりになってしまったりしやすい。「愛情」と「支配」はすごく近いところにある。大切な相手と近くにいたいという気持ちと、自分の思いどおりになってほしいという気持ち。そのちがいについて、考えてみてほしいんだ。

SCENE シーン 12

部屋でひとりになると自分を傷つけたくなる

家に帰り、部屋でひとりになると、カッターで自分のことを切りたくなってしまう。だめだとはわかっているけど、やめられなくてつらい。

☞① つらさを、信じられる人に話す

どんなとき切りたくなるのか？

☞② なぜ自分を傷つけたくなるのか考えてみる

☞③ 気がすむまで続ける

☞ はなす
☞ たよる
ちしき
にげる

ぼくならこれをえらぶ！ ☞① つらさを、信じられる人に話す

「自分を傷つける」のは生きるための対処法のひとつ

　最初にいいたいことは、自分を「傷つけたい」と思うことも、「消えたい」とか「死にたい」と思うことも、まったくおかしいことではないよ。自分を傷つけることは、心の痛みを少しでもかるくするための「コーピング（回復の魔法）」なんだ。10代の10人にひとりは、「わざと自分の体を傷つけたことがある」といっていて、きみだけではないんだ。

32

なんで自分を傷つけたくなるんだろう。それは「死にたくなるほど、つらいことがあるから」じゃないかな。心の痛みやもやもやは終わりがなくてつらすぎるから、体の痛みにおきかえることで、つらさが少しだけましになる。それは、きみが生きるために「体のHPをへらして、心のHPを回復させる」ようなものだ。すぐにやめなければいけないとは、思わなくていい。

でも、心のつらさに対抗する方法が「自分を傷つけること」しかないと、しだいに追いつめられてしまうことは知っておいてほしい。じつは、自分を傷つけることでの「回復パワー」は、だんだんへってしまうものなんだ。だからなれていくと、だんだん回数がふえてくる。そして死にたいほどのつらさではなくても、かるい気持ちで自分

頭の中

心がつらすぎる…。 → 体を傷つけておきかえよう。

つらかったんだね。

を傷つけるようになる。そのうちかるく傷つけてもあまり効果がなくなってくるので、あとが残るくらい強くたたいたり、深く切ったりするようになってしまう。

だから、まずは自分を傷つけること以外にも、心のダメージの回復方法を身につけて、少しずつ育ててあげてほしい。そして、もしできるならば、傷つけたくなる気持ちの裏にある「本当のつらさ」を、信頼できる人に話してほしい。

はなす　レベルが　あがった　▼
たよる　レベルが　あがった　▼

レベルアップヒント　**命は大切って本当？**

「自分を傷つけることはよくない」「命は大切だ」ということをよくいわれる。学校でもそのように習うかもしれない。でも、それは自分を傷つけたいと思うほどつらい人にとって、あまり納得のいくものではないんじゃないかと思う。多くの人がそう思っ

ていたとしても、きみがその考えに追いつめられてしまうようなら、そのまま受けいれる必要はないよ。それに、環境やつき合う人が変われば、自然に考え方が変わってくることもあるかもしれないから。

心と体の「ぼうぎょシステム」

つらいことやいやなことがあると、ドキドキして不安になったり、落ちこんだりするよね。

これは、人間がキケンを感じると、体と心をつなぐ神経のネットワークの仕組みによって、もっとも生きのびやすいように、体のモードを自動的にチェンジする「ぼうぎょシステム」がはたらいているからなんだ。

きみがストレスだと感じているものや、それに対する反応のパターンを知ることは、きみ自身に起こっていることを理解して、いろんなストレスとつき合っていくことに役立つよ。

🔥 ほのおのモード

心をつねに緊張させて、どこからなにがおそってきてもいいように、身がまえているモードだ。

胸がドキドキしたり、ざわざわしたり、呼吸もはやく、短くなる。

目をカッと見ひらいて緊張していて、ごはんを食べたくないし、眠れない。

ちりちりと、不安のほのおがたえず燃えているような、そんな状態だ。

❄ こおりのモード

心をまひさせて、つらいことのダメージをもろに受けないようにするモードだ。

気持ちがしずんだり、あまり考えられなくてぼんやりする。体もだるかったり、眠くて、なんだか動きにくい。

今ここにいる感覚がうすくて、ちょっと「ひとごと」みたいな感じになったり、記憶があいまいになったりすることもある。ヘビににらまれたカエルのように、恐怖でかたまった状態。

🤍 あんしんモード

リラックスしていて、心が落ちついている。

だれかと協力して生きていくためにそなえられたモード。

キケンがないと体が感じているときにだけ、人は安心してだれかとコミュニケーションをとろうと思えるし、ゆっくり休むことができるんだ。このモードでいられたら、心も体もらくになりやすい。

心を落ちつける「回復ワザ」を覚えよう

ぼくがよく患者さんたちに教えている、リラックスのための「回復ワザ」を紹介するよ。どれも、体や神経の仕組みを使って、「あんしんモード」に入りやすくするためのかんたんな方法だ。気に入ったものを覚えて、使ってみてほしい。

回復ワザ一覧

ロングブレス

ぼくらが感じる不安と、呼吸はつながっている。じつは、息を吸うと不安がふえて、息を吐くと不安が少なくなる。それに、呼吸のはやさもゆっくりのほうが、落ちつきやすくなることが知られているんだ。そのことを利用して、長くゆっくりと息を吐く呼吸が「ロングブレス」だ。

たとえば、「3秒で吸って、1秒止めて、6秒で吐く」というペースで、まずは3分間くらいやってみよう。

合谷タッピング

不安やストレスを感じたときに、手の甲の親指と人さし指の骨がまじわる「合谷」というツボを、2本の指でトントンとリズミカルに、たたくのが「合谷タッピング」だ。

リズムを感じると、脳がよろこんで、気分が落ちつきやすくなるといわれている。心地よくひびくくらいの強さで、1分以上たたいてみよう。

バタフライハグ

「バタフライ」とはちょうちょう、「ハグ」とは抱きしめるという意味だよ。

自分のことを抱きしめるように両腕を胸の前でクロスして、トントンとやさしく自分の胸のあたりをたたいて気持ちを落ちつかせる方法だ。心臓の鼓動に合わせて、「右、左、右、左」と交互にやることがポイントだよ。

だれに相談したらいいのか
わからないきみへ

ひとりで生きていくことは、子どもにはとてもむずかしいことだ。
だから、きみの気持ちをわかって、味方になってくれる大人を
ひとりでもいいから見つけてほしい。

もしかしたら、今きみは
「人はこわい」「信用できない」「迷惑をかけたくない」
と思っているかもしれない。
信頼してたよってみたけど、いいことにならなかったり、
裏切られて傷ついたことがあるかもしれない。
人に「たよる」なんて、無理だと思っているかもしれない。
今は、そう思っていてもいいよ。でもこの話だけは聞いておいて。

「たよる」チカラは、実際にだれかに「たよる」ことによって、
少しずつレベルがあがっていくんだ。
でも、きみが勇気を出してだれかをたよろうとしたときに、
その人が本当にいい人なのかどうかは、深くかかわってみないとわからない。
本当のことをいうと、人を信じることは、キケンをともなう「賭け」になるんだ。
ゲームでいうところの「ガチャ」みたいなものかもしれない。
「こうすれば絶対にうまくいく」という方法はなくて、
どうしても「運しだい」になる。
それでも、ぼくが「たよる」チカラを身につけてほしいと思う理由はふたつある。

ひとつは、「いじめ」だったり、「家庭」のことだったり、
子どもであるきみがひとりで立ち向かうには
あまりにきびしい問題というのが存在するから。
もうひとつは、もしたったひとりでも、きみの味方になってくれる人を引いたら、
きみの人生のクエストの難易度は大きく変わるから。
だから、キケンはあるけどその「賭け」にはのる価値があると思う。

ただ、その「運しだい」の要素をへらす方法がある。

それは、「見きわめるチカラ」を伸ばすことだ。

その人がほかの人にどんな態度をとっているか。どんな言葉を使っているか。

ウソをついたりしていないか。他人の痛みに気づくやさしさをもっているか。

きみの話をさえぎったり、決めつけたりせず、しっかりと話を聞いてくれるか。

そうやって、その人を観察し、本当のすがたを見きわめようとすることは

きみの「たよる」チカラを大きく助けてくれる。

信頼したその人が、思ったよりも「いい人」じゃなかった。

残念だけど、そういうことはある。

信じた人に裏切られるのは、本当につらい経験だ。

でも、その「失敗」は、きみの「たよる」チカラを育てるのに欠かせないものでもある。

世の中には「たよってはいけない人」「信じてはいけない人」というのもいるんだ。

それがどういう人なのかを、もっとも確実に学ぶ方法は、失敗を積み重ねることだと思う。

どこがよくて、どこがいけなかったのかを考えて、またちがうやり方をためしていく。

そうすることで、きみの「見きわめるチカラ」は確実に伸びていく。

それは、きみの人生を守るだけでなく、ゆたかな人間関係を築くためのチカラになる。

人を信じることができるのは、「信じてよかった」と思える経験がある人だけだ。

世の中にはいろんな人がいる。

いやな人もいれば、すごくいい人もいる。

ぼくの見立てでいうと、3人にひとりくらいは「まあまあいい人」だと思う。

（カウンセラーさんとか、心のお仕事をしている大人だと、もうすこし確率はアップする。）

つらかったり、探すのにつかれたら、少し休んでもいい。

でも、今きみの目の前にいないだけで、

きみが信じることのできる人はこの世界のどこかにはかならずいる。

どうかあきらめずに、「いい人」を探すのをやめないでいてほしい。

エピローグ

「悪いことをしたからバチがあたる」という言葉がある。
いい人にはいいことが起こるし、悪い人には悪いことが起こる。
そういう世界だと、たぶんバランスはいいんだろう。
ぼくもそういう世界であったらいいな、と思う。

でも、残念だけど、世界はそんなふうにできていないんだ。
悪いことをしているのに、まったくバチがあたらない人もいるし、
ぜんぜん悪いことをしていないのに、ひどいできごとがいっぱい起こる人もいる。

あまりにもつらいできごとばかりが起こるとき、
子どもは、生きのびるために「ある方法」を見つける。
それは「ぜんぶわたしが悪いから」と思いこむことだ。
わけがわからないほどのひどいことが起こっても、
「だって、自分が悪いから」と思ったら、すべて説明がついてしまう。

「だって、ぜんぶわたしが悪いから」

その理由で説明できないことはひとつもない。
みとめたくないことや、わからないことばかりが起こる世界で生きていくこわさを、
かるくしてくれる「便利さ」がある。

「こんなにつらいことをするなんて、なんてひどい親だ」と思うよりも
「ぼくが悪い子だから、こういうことをされてしまうんだ」と思っていたほうが
子どもにとっては、気持ちがらくなんだ。

親や世界をワルモノにするよりも、「自分が悪い」ってことにしたほうが、
受けいれやすいし、都合がいい。
そうやって、自分をワルモノにした「闇のものがたり」を生きるようになる。
それは子どもにできる、ギリギリで、せいいっぱいの
「くふう」といってもいいかもしれない。

「闇のものがたり」の中にいる人にとって、
「悪いのは自分」という「事実」は圧倒的で、ゆるがないものだ。
まわりの人がいくら、「悪いのはきみじゃないよ」といっても、
まったくピンとこないだろう。
それほどに深く、人の生き方に根づいているものだから、
大人になってもずっと信じこんでいる人も多い。
だから、きみが今「闇のものがたり」を生きているとしても、
それを否定することなんてぼくにはできない。

でも、ひとつ覚えておいてほしいことがある。
それは、人間には、自分の生きるものがたりを
「書きかえる」チカラがある、ということだ。
どんな人間であっても、「言葉」さえ使えるなら、そのチカラはかならず宿っている。
そして、どれだけ時間がたっても、そのチカラが失われることはない。

いつか、きみが「闇のものがたり」を生きるのを、
やめたいと思うときがくるかもしれない。
そのときのきみは、今よりもはるかにレベルアップしているだろう。
きみに起こってきたいろんなできごとは、「きみが悪かった」のではなく、
べつの理由があったということに、気づくかもしれない。

「闇のものがたり」をやめて、「自分のクエスト」を生き出したとき、
その人にはすさまじい変化が起こる。
眠っていた生きるチカラが、いっきに花ひらくような、そんな変化だ。
ぼくはそういう変化を、何度か見せてもらって、鳥肌が立つくらい感動したんだ。
「闇のものがたり」を、死なないで生き抜いてきたことそのものが、
本当にすごいことなんだ。

だから、今「闇のものがたり」を生きているすべての人たちの中に、
いつか目覚めるすごいパワーが眠っているんじゃないかと、
思わずにはいられないんだよ。

相談窓口

こまったときや心が苦しいとき、だれかに話を聞いてほしいときなど、相談にのってくれる窓口を紹介するよ。

24時間子供SOSダイヤル

0120-0-78310 （無料・24時間）

地域の教育委員会の相談機関につながっていて、いじめやこまったことなど、子どもの悩みをいつでもなんでも相談できるよ。

チャイルドライン

0120-99-7777 （無料・毎日 16:00 ～ 21:00）
※年末年始はお休み

https://childline.or.jp

18歳までの子どものための相談窓口。名前や学校名などをいわなくても相談できて、どうしたらいいかいっしょに考えてくれる。チャット相談もあるよ。

Mex（ミークス）

10代のための相談窓口まとめサイト

https://me-x.jp/

家族や友だちの問題など、悩みを相談できるサイトだよ。

子どもの人権110番

0120-007-110 （無料・平日 8:30 ～ 17:15）

いじめや虐待など、子どもがかかえる人権問題を解決するために相談を受けつけているよ。全国の法務局につながるよ。

いのちの電話

0570-783-556 （10:00 ～ 22:00）

0120-783-556 （無料・毎日 16:00 ～ 21:00、
毎月 10日は 8:00 ～翌日 8:00）

名前や学校名などをいわなくても相談できて、どうしたらいいかいっしょに考えてくれるよ。

あなたのいばしょ

（特定非営利活動法人あなたのいばしょ）

https://talkme.jp/ （無料・24時間）

だれでも、いつでも、チャットで相談できる「いばしょ」。どこかのだれかが、あなたの孤独によりそってくれる。

おすすめの本・サイト

自分を守るための知識をふやすヒントになるような本やサイトで、おすすめのものを紹介するね。

性（ジェンダー）のことについてもっと知りたいとき
『こどもジェンダー』

シオリーヌ（大貫詩織）・著　松岡宗嗣・監修　村田エリー・絵（ワニブックス）

自分の「性」のことを意識したときに、いちばん最初に目を通してほしい、やさしい本。

親との関係についてもっと知りたいとき
『増補新版　ザ・ママの研究』 （よりみちパン！セ）

信田さよ子・著（新曜社）

とくに母親との関係において、本当に大きな力を与えてくれるすごい本。「フシギの書」も、この本を参考にしているよ。

虐待についてもっと知りたいとき
『角川つばさ文庫版
母さんがどんなに僕を嫌いでも』

歌川たいじ・著　ののはらけい・絵（KADOKAWA）

歌川たいじさんの生き方、考え方が、多くのヒントを与えてくれる。

自傷についてもっと知りたいとき
『自分を傷つけてしまう人のための
レスキューガイド』

松本俊彦・監修（法研）

自分を傷つけることがどういうことかを深く理解するには、松本先生の言葉にふれるのがいちばん確実だと思う。

家族が病気でつらい毎日をすごしているとき
子ども情報ステーション by ぷるすあるは

（NPO法人ぷるすあるは）

https://kidsinfost.net/kids/schoolchildren/

家族のだれかが心の病気やお酒の病気をかかえているとき、助けになる情報がたくさんのっているよ。

おすすめの作品

『モモ』 ミヒャエル・エンデ・作　大島かおり・訳（岩波少年文庫）

多くの人が子どものときに読んで「大切な存在」になっている、とてもふしぎな魅力のある本。

さくいん

著者　鈴木裕介（すずき ゆうすけ）

2008年高知大学卒。内科医として高知県内の病院に勤務後、一般社団法人高知医療再生機構にて医療広報や若手医療職のメンタルヘルス支援などに従事。2015年よりハイズに参画、コンサルタントとして経営視点から医療現場の環境改善に従事。2018年「セーブポイント（安心の拠点）」をコンセプトとした秋葉原内科 save クリニックを高知時代の仲間と共に開業、院長に就任。また、研修医時代の近親者の自死をきっかけとし、ライフワークとしてメンタルヘルスに取り組み、産業医活動や講演、ＳＮＳでの情報発信を積極的に行っている。主な著書に『メンタル・クエスト　心のHPが0になりそうな自分をラクにする本』（大和出版）、『我慢して生きるほど人生は長くない』（アスコム）などがある。

自分を守るクエスト　②ホーム編

2022年3月2日　初版第1刷発行

著　者　鈴木裕介
発行者　西村保彦
発行所　鈴木出版株式会社
〒 101-0051
東京都千代田区神田神保町 2-3-1　岩波書店アネックスビル 5F
電　話　03-6272-8001　ファックス　03-6272-8016　振替　00110-0-34090　ホームページ http://www.suzuki-syuppan.co.jp/
印　刷　株式会社ウイル・コーポレーション

協力　●　伊賀有咲　新川瑤子
大久保佳奈　竹内絢香
装丁・本文デザイン　●　mogmog Inc.
イラスト　●　イケウチリリー
校正　●　株式会社 夢の本棚社
編集　●　株式会社 童夢